使ってはいけない言葉

忌野清志郎

百万年書房

使ってはいけない言葉

目次

Part 1

ぼくら夢を見たのさ

みんながやっぱ
自分は人間のクズだと思ってればさ、
素晴らしい世界が来ると
思うんだよね（笑）。

他人にとやかく言っている暇があったら、
自分の理想でもさっさと追求しろっていいたいですね。
実際、俺はそうしてるつもりだし。

まず、夢を持ったら、
その〝夢〟を信じることから
始めたほうがいいよね。
本気で信じ抜くの。

夢さえ持てない人はどうするかって？
うーん、ザマーミロ（笑）。

いったい何を見てきたんだい？
その若さでミイラか？
可能性はどこにあるんだ？
それはきみの目で見て耳で聞いたものの中にしかないはずだ。

どんなえらいやつが来てもきみはきみの夢を主張できるかい？
俺は主張できるよ。だって俺は最高のダイヤモンドなんだからね。
Hey、きみはちがうのかい？
きみが最高のダイヤモンドじゃないなんて初耳だな。

「自分を信じる才能」というか「思いこみ」というか、
とにかく「自分はダメかも」とか
「まあまあかな」とかって思ってる人より、
「俺が一番強いんだ」って思ってる人が強いですよ、どう見ても。
そういう自信がなけりゃとてもやってこれなかったと思う。

悪いけど、俺はインターネットなんかまるで興味ないいんだよ。だって俺にはもっと他に興味のあることが腐るほどあるんだ。きみみたいな人にはわかんないだろうが、俺の毎日はこの人生の間中ぜんぜん退屈じゃなかったんだよ。時間が足りなかったんだ。今もそうだし、これからだって同じだ。好きなことをやるためには没頭する時間が必要だろ。

希望を捨てない方がいい。
俺はサイコーなんだって信じるんだ。
既成の概念なんか疑ってかかった方がいい。
「なんでなんだ？」っていつも子供みたいに感じていたいぜ。
ふざけんなよ、俺がサイコーなんだって
いつも胸を張っていたいだろ？
本当は誰だってそうなんだ。
ＯＫ、そうと決まったら、誰に相談する必要もない。
もうきみは世界で最高の音楽をやってる
イカレた野郎になったんだ。がんばれよ。

まるで子供のようだと思われるかも知れませんが、夢を実現するには子供になるのが一番なんですよ。小学生や幼稚園児たちはその辺の大人たちよりも、よっぽど本気で生きてます。本気で驚いたり、笑ったり、悲しんだり、ふざけたりします。遊ぶ時だって本気です。それがだんだん大人になっていくうちに世の中をなめてみたり人をおちょくったり、妙に大人ぶったり、他人や自分に嘘をついたりすることを覚えてしまう。現実というものにぶつかって自信を失ったりしてしまう。

自分の気に入った
音楽にめぐり会えるなんて、
あまり日常ではあることじゃない。
みんなが聴いてるからとか、
これが流行ってるからとか、
テレビでよくやってるからとか、
そんな理由でムダ金をはたいて
レコード屋でＣＤを買うなんて、
つまらないぜ。
他人と趣味が同じなんてつまらないぜ。

夢を実現させるやつはその夢のグルだ。だけどきみはグルじゃない。グルになんかなれやしない。ダイヤモンドを磨こうともしないし自分だけの世界に閉じこめてるだけだからな。小さく細く長く生き延びるつもりだろうが、きみが考えてる以上に世の中はきびしいのさ。勝負をしないやつには勝ちも負けもないと思ってるんだろ？　でもそれは間違いだ。せっかくのダイヤモンドで勝負できないやつはもう負けてるんだよ。田舎に帰っておとなしく暮らした方がいい。

すべてがシステム化されて、
まるで誰かに飼われているみたいだ。
適当な栄養のある餌を与えられて、
ほどほどに遊ばされて、
まるで豚か牛か鶏のようだぜ。
これで満足できるのか。
きみたちはそれほどまでに落ちぶれてしまったのか。
みんなが着ている服を買って、
みんながよく行く店に行って、
それでＯＫなのかね。
そーじゃねーだろ。
きみにしかできないブルースが
あるんじゃないのか。

ぼくもきみも、やってることといったら、
自分を発表してる（見せてる）ようなものさ。
サラリーマンのしてる仕事で、
ぼくがのることが出来るのなら、
その仕事に命をかけられるのなら、
「俺には、これしかないんだ」と思えるのなら、
ぼくは、サラリーマンをやる。
いい加減な気持ちで仕事してるやつだけが最悪である。
「職業に貴賤はない」っていうけど、
ぼくも、そう思う。

それには、とても勇気がいる。
もっともっと強くなりたいよ。
ぼくは、どんどん正直になって、
何でもかんでも見せてやるんだ。
それが夢さ。
だから歌ってる。
ぼくの感じたり見たりしたことを、
表現したいという欲求からぼくは、やってる。
歌うのより、絵をかく方が、好きだったなら、
ぼくは絵をかいていただろうよ。

泣きながら歌っても、
ちゃんと歌えるというのが、
いちばん偉大だと思う。
感情にまけずに、
感情のままに歌う。
涙は流れ落ち、よろこび、
充分に傷ついていて、
最高に幸福で、歌っている。
すべての感情を十分に知っている――
無意識であればもっと良い――
そして歌っている。
私はそんな人になりたい。

論説を書いたり、
ニュース番組にゲストで出て
いろいろ言ったりするような大人、40過ぎの。
それはヤだった。
自分もそういう風になってしまうのが。

当事者でありながら
その風景を見てる、
そういう人になりたいのね。

多くのファンの方々は
「雨あがりの夜空に」を歌ってくれとか言うのかも知れない。
「ＲＣは今、聴いても新しい」って言う人もいる。
でも、それは違うよ。ＲＣはもう古いよ。
もう10年も前に活動を中止したんだ。
古いものが良くないっていうんじゃないけど、
古いものばかりやらされたんじゃたまらないぜ。
俺の身にもなってくれ。

過去の若かりし頃の自分にすがりついて行くのか、
常に新しい発見を求めて行くのかっていう問題だ。
少しくらい年を重ねたからって
わかったような顔をしてもらいたくないんだ。
俺は同世代のオヤジどもにそれが言いたい。

そう簡単に反省しちゃいけないと思う、
自分の両腕だけで食べていこうって人が。

「世間のせいにしちゃえるほどのこと」を
自分がどれだけできてるか、
っていうのが大切なんだ。

「努力」と言うと
好きなことを犠牲にしてやるようなイメージがあるけど、
だって好きなことやってるわけだから
努力じゃなくて遊びだよ。

まあ、俺だって「ロックで独立するために」いろんなことをやってたわけだけど、でも、現役のミュージシャンに「ぼくの才能はいかがでしょうか？もし気に入っていただけたら、なんとかお力添えを……」なんておうかがい立てたり取り入ったりみたいな発想は、さすがになかったぜ。

もちろん本を読んでるヤツが
偉いとも思わないし、賢いとも限らない。
でも、表現するネタは、
自分の中にいっぱいあったほうが
いいに決まってる。
少なくとも俺は、
あの時代に本を読んでおいてよかった、
と思ってる。

高校時代の俺が「ロックで独立」したいという初志を貫徹するために実行していた、あるイメージトレーニングがある。実際は〝イメージトレーニング〟なんていうご大層なものじゃないが、結果的にイメージトレーニングと似たような効果があったと思う。その方法とは、なんのことはない、自分が将来「ロックで独立」してバンドで大活躍しているイメージを、ただマンガに描くことだ。（中略）そのマンガの中のバンドは、そう、ほとんど5人になってからのRCサクセションそのものだったな。

「自分がはっきりとイメージできるものは、
いつか必ず実現する」という大昔の偉人の言葉は、
どうもウソではなかったらしい。

きみも夢があるなら、
一度きちんとマンガにでも書いておくといいだろう。
ただしはっきりと、だ。

「どうして、そんなことを歌うんだい？
もっといいことを歌えよ
どうして、そんな……
もっといい歌を歌ったらどーだい？」

いくら、そのいい歌で盛り上げたって
ステージを降りたあと、ちがう言葉でしゃべってるんじゃ……
……ちょっと、なあ……
そいつは、サギみてえだろ

結局、信じられるのは自分の耳だけ。
結果的に、それは正解だったと思う。
きみもあまり楽譜に頼ったりせずに、
自分の耳だけを信じるべきだ。

ミュージシャンを続けていこう！　とかね、
そういう気持ちはあんまりないんですけど。
その日に、何かそん時にやりたいことを、
やっていける人がやっぱりいいんじゃないの。

もう高校の同級生なんかにたまに電車の中で会ったりするとさ、もうバリッとしてるわけよ。で俺は乞食みたいな感じじゃん？（笑） やっぱりなんか世の中おかしいなと思った。みんなサラリーマンになって疲れ切って帰る時に会ったりしてさ、こっちは演奏終わってさ、まあわりと疲れ切ってんだけどニコニコしながら帰ってさ。ギター持って。やっぱり、その、俺はそんな間違ってないなとは思ったね。

「独立」さえすれば自分が独立できるわけじゃない。「独立」した後の新たな問題を解決していくことが本当の独立なんだ。大企業にこれ以上管理されるのはもうイヤだ、って脱サラしたサラリーマンが上司に辞表をたたきつけて「独立」して蕎麦屋になったからといって、それで彼が独立できたわけじゃない。今度は一人前の蕎麦屋として自分の力だけでやっていけるようになって、初めて「彼は独立した」って言えるわけだろ。蕎麦屋の看板を掲げただけじゃ、まだ本当に独立できたのかどうかなんてわかりゃしないんだ。

独立した後のツアーは、どんなにキツくても、独立前のツアーとは「疲れ」の質が全然違う。少なくとも、今ここでこうしてることに決めたのは俺自身だ、疲れることに決めたのも俺自身だ、って思えるからね。まずビジネスがあってそのために自分がいるんじゃなくて、自分がいるからこのビジネスが必要なんだ、とも思えるし、端から見れば似たり寄ったりにしか見えないかもしれないが、こっちから見れば、それは天と地くらい違うんだ。

30代の頃は、世間は敵だったから。
やっぱりそうですね……いずれはこう……
誰でも世間と対峙する時はあると思うんですよ。
きっと1回や2回はね。世間を敵に回すということがね。
そうなってみないとわからない（笑）。
そこで……やらざるを得ないっていうかね。

だから別にそんな思想的な背景とかなくてもさ、
政治理論を持ってなくても、うたっちゃったやつは勝ちだよね。
うたって世間に出しちゃったんだからさ、
勝ちだよこれは。何と言われようと（笑）。

夢があっても度胸が無けりゃ実現はできない。
度胸のあるやつがたくさんいれば、きっと世界はおもしろい。
度胸があれば、そのうち、きっと頭が良くなる。
経験を重ねれば、少しは頭が良くなる。
やり続ければ、きっと世界は良くなる。

今日で最後だって思って働けば、
いい仕事できると思うんだよね。
特にボーカルなんてそう思わないと、
やってらんないですからね。
今日はちゃんと歌えなくても、
明日やればいいやと思って手を抜いて歌うなんてこと
できないですからね。

誰でも好きなことを歌っていいような
世界がくるまで頑張りたいと思います。
いちいち、反戦歌を歌ったから何だかんだとか言われたりね、
そういうことをしないで、反戦歌もラブソングもさ、
全部同じレベルで、みんなが素直な気持ちで聴けるその日まで、
頑張りつづけるつもりで頑張っているんですよ。

（熊野が）世界遺産になるんだってな。遺産なんか遺すもんじゃねぇーぞ。俺は息子と娘に30円ぐらいしか遺産を遺さないつもりでいます。俺の夢は、この世界中から戦争がなくなることだYeah！　本当の愛と平和がやって来ることだ！　もう21世紀だ。人間の歴史はずーっと戦争の歴史だったんだ。いろんな物をブッ壊して、人をたくさん殺してきたんだ。でももう21世紀だ。戦争はもう終わった。終わったんだ！　古臭いぜ！　環境破壊なんて言ったってな、戦争が一番の環境破壊なんだ。ＯＫ！　この国の憲法を知ってるかい？〝永久に戦争を放棄する〟絶対に戦争はやらないってことだよ。戦争に加担しないんだ。戦争の手伝いもしないってことだ。そして世界の平和のために努力するんだ。それがこの国の憲法なんだぜYeah！　政治家は知らないんだろうか？この国の憲法を知らないで政治家になったんだろう、きっと。シェークスピアの言葉で〝政治家は愚か者の逃げ場なり〟っていう言葉がある。アイツら愚か者の逃げ場なんだよ。この国の憲法はね、〝永久に戦争をしない、世界の平和のために貢献する〟……まるでジョン・レノンの歌みたいだろ？　なんでみんな自慢しないんだ。世界中に自慢すればいいじゃないか。こんな素晴らしい憲法を、堂々と胸張って自慢するべきだ！　ＯＫ、じゃ、もう、熊野ＢＡＢＹ！　ジョン・レノンの歌やります。

ロックの幻想なんて
とっくに終わっちまったぜ、
幻覚じゃあるめーし
やめて欲しいな
人をまきこむ
ちんけな古い
いきがりは……

まだ「老衰で死んだロック・ミュージシャン」は、
ひとりもいないはずだ。
殺されたり自殺したりドラッグで死んだりすると
「ロックンローラーらしい死に方」なんて言われてきたわけだけど、
それって「まだ天寿を全うしたロックンローラーがいない」という
だけの話なんだ。現役のロックンローラーとして老人になって、
現役のロックンローラーとして老衰して、
現役のロックンローラーとして天寿を全うできるなら、
それはそれで最高なんじゃないか。

明後日のために、さっさと寝ます。

——明日がなかったらどうしますか。

当たりませんよ、そんなもの。

――1億円の宝くじが当たったらどうしますか。

——月には行きたいですか。

特には行きたくない。仕事《ライブ》なら行く。

RCサクセション。

——今まででもっとも成功したいたずらはどんなもの？

Part 2

わかってもらえるさ

この歌の良さがいつかきっときみにも
わかってもらえる
いつか　そんな日になる
ぼくら何もまちがってない　もうすぐなんだ

「わかってもらえるさ」は
誰にもわかってもらえなかった（笑）。
売れなかったよ。

日本全体
率直さがたりない

理解されたいという気持ちは強いと思いますよ。
じゃないとこういう仕事はやってられないと思いますけどね。

たった1曲だって、
他人に最後まで聴かせるということは、
けっこうすごいことなんだ。
音楽に限らず、映画だって
マンガだってお笑いだってね。

「本当のことを言うのに大きな声で言う必要はない」
ということをね、中学校の頃かな、
教わったんだよ……先生に。
だから、大声で宣伝されているようなことは
疑っちゃうんだよね、俺は。

それが本当の事実でも、
全ての人が信じられることでも、
俺だけは信じなかった。
世界中で俺だけが
それを信じないんだ

自分で自分を信じるなんて
簡単なことだと思いませんか。

べつにこう、
歌いたいことがあったら
歌えばいいと思うんですよ。
それこそ道端でもどこでも。

ぼくが作ったほとんどの曲は、
笑いながら作ったか、
泣きながら作ったか、
そのどっちかなんですよね。
怒りながら作った曲というのはない。

自分が好きなものを着るわけ。
何が流行ってもさ、
もっとみんな自分の好きなもの、
好きっていえばいいじゃない。

昔の俺が今の自分を見て？
いや、好きだと思いますよ。
たぶんファンじゃないかなあ。

まあ、どこにもいない人間を
演じて見せてるって気持ちはあるよ。でも、
自分が凄いやつだなんて
感じたことはなかったですよ。

カッコいいだけじゃね、
ダメだと思うんだよね——
なんちゃって（笑）。
カッコいい中にもやっぱり、
何つうかね、カッコ悪いところとか
情けないところとかさ、
そういうのがないと。

自分の顔に自信がある子供なんているんだろうか？
だってアイドルって顔が良くなくちゃダメなんだろ？
どんな顔の人だって輝くときは、とてもいい顔だ。
どんな美形だって、つまらない人間では、
それほど美しくもないぜ。
本当にかっこいいやつなんて
初めから決められてはいないんじゃないのか。

オーティス・レディングが動いててさ……。初めて映像で見たんだよ、俺は。で、字幕で「愛し合ってるかい？」って出るんだ。そんなこと言ってたんだ……みたいな。絶対カッコイイ言葉になっちゃうんです、オーティスが言ってるから（笑）。だから、もし、タイマーズを大好きなやつが外国にいて、言葉わかんないのに何年かしてビデオ見て英語の字幕で「チンコ、マンコ、オシッコ、ウンコ」なんて出たら、こいつ、カッコいいな！　と思っちゃうよ、きっと（笑）。それと同じだよな。

ロックって都合のいい言葉ですよ。
こういうことはやっちゃいけないとか言われても、
〝何言ってんだ、ロックじゃねーか！〟って言えばさ、
何でもやっちゃえるという。

何で歌わないんだろうと
思ったんですよね。
世界中に戦争はいまだにたくさん
あるのにさ、なんで日本だけ、
そういうことを歌うのを
やめちゃったのかと思って。

メッセージがどうこういうけど、
何だってメッセージだと思う。
ラブソングだろうが、何だろうがね。
で、わりと直接的にずばずば結論から言うようにしていかないとね、
わかんないんだよ、一般のやつって。
でもさ、何歌ってんのかわかんない歌が多いんだよ。

すごい反体制的なカッコして、
反体制的なこと歌っていながら、
体制にビクビクしてるんだ。
たとえばレコ倫で使っちゃいけない言葉とか、
たくさんあるワケ。ラジオにしたってサ。
でもそんなのみんなが無視しちゃえばいいことだし、
できると思うんだけどね。

勝つとか負けるとか
速いとか遅いとか
高いとか低いとか
大きいとか小さいとか、
そんなことより
本物かどうかってことを
問題にするなら、
みんなそれぞれ本物さ。

俺は右でも左でもかまわないんだ。
そんなことどーでもいいんだ。右にどんどん行ってみろ。
やがて左側に来ているのさ。地球は丸いからね。
それよりもふたり並んでいると
俺の右側はきみの左側だったりもするのさ。
そんなことより俺は、人々の心の中に
芯が一本通ってりゃいいんだ。
それが一番大切なことだと思ってる。

学校なんかで流れる「君が代」も、
あまり歌いたくないアレンジですよね。
「歌わないと左だ」とかそれ以前に、
「歌いたくないアレンジだな」というのがあった。
ここは坂本龍一さんに、みんなが歌いたくなるような
アレンジを考えてもらえるといいんじゃないかな（笑）。
それでみんなが歌ってみて
「でもこれ、やっぱり意味がよくわからないんじゃないの？」
という話になったほうがいいと思うんです。

反原発集会へのお誘いも多かったけど、
そういうところへ行って歌えば
受けるの当たり前だし。
目に見えててつまらない。
むしろ推進派の集まりに
呼ばれてやりたかった。

素人の人がありがたがって聴いてくれるか、
「これはいいや」と思って聴いてくれるか、
「何これ?」と思うかは、
俺たちは関知できないわけ。
自分が納得いくものを作るしかないわけだからさ。
それしかないと思うんだよね、人生は。
それでヒットでもすればもっと満足いくと思う。

今の音楽ってコード進行でごまかしてるようなとこがあるから。変なコードいっぱい使いたいっていうのもあるかもしれない。シンプルなコードだとごまかしが利かなくなって、リズムとかグルーヴが大事になってくるからね。そっちの方がすごい重要だと思うんだけど。

歌っちゃったその歌の力っていうか、
そういうのは種がまかれたようなもんでさ、
そのうち徐々に花でも咲くんじゃないかと思って。
だって、歌ってのは聞こえちゃうわけですからね。
否応なく。

自分の声が嫌いだった。
子供の頃から、声にまつわるいい思い出なんか、
ひとつもなかった。
でも、ポップスやフォークソングが流行りだして、
そっちを歌ってみると、今度は全然オッケーなんで
すごく嬉しかった。
コンプレックスが消えちゃった。
それどころか、今度はむしろこの声が
「個性」になって「武器」になっていくんだから、
人生なんてわかんないもんだ。

歌を歌う場合は、やっぱり人に伝えるんだってことを考えた方がいいですね。どうでもいいようなことを伝えてもしようがないわけだからさ。伝えたいんだってこと、伝えないといけないと思うんですよ。それが基本じゃないかな。どうしてもこれだけ伝えなきゃってことがない人は、歌わなくてもいいんだ、別に。ねぇ！

母音の集まりじゃないですか、日本語っていうのは特にね。子音っていうのはあまりないんですよね。日本語にはで、まあ、ですから大変難しいんですけど、英語でなんか歌うよりもたぶん。1こ1こ力が入ってないとズルッとなっちゃって聴こえないんですね、歌の場合は。

声が通るためには、もう、ラーメン屋入る前に、
何頼もうって決めておいた方がいいと思うんだよ（笑）。
あるいはメニュー見て決めたら、一瞬溜めて、
たとえばもやしソバ頼もうと思ったら、
「それを絶対、自分は頼むんだ！」と思ってから
言うとたぶん通じると思うんだよね。

労働も大事ですけど、
サボるってのも意外と
大事だと思うんですね。

僕はナイーブで、ごく普通の人間ですよ。

俺は旅慣れているから、
あっというまに出発の準備は完了だ。
本当に必要なものだけが荷物だ。
そうさ。これは俺みたいな旅人にだけ言えることじゃない。
すべてのやつらに言えることだ。
もう一度言おう。
本当に必要なものだけが荷物だ。

気の合う友達って
たくさんいるのさ
今は気づかないだけ
街で
すれちがっただけで
わかるようになるよ

Part 3

いい事ばかりはありゃしない

すべての人が孤独なら
孤独なんてないのと同じさ
すべての人に夕暮れが来て
あたりがまっ暗な夜になる

きみが誰よりも怯《おび》えても
淋しくて、ふるえが止まらなくても
世界的には事件ではない
きみがそれよりもっと不幸でも
誰かが経験したことさ
耐えられなくても仕方ないさ
あたり前だろ？

もしも、うんざりするような、バカバカしい嫌なことがあった時、きみだったらどうする？　いったい何をする？　俺はそんな時はいつも放浪の旅に出るのさ。小さな荷物とギターを持って、着の身着のままでね。ポケットの中には砂ぼこりと少しの金しか入ってないけど、まるで平気なんだ。俺は放浪の旅人だからね。捨てる神ありゃ、拾う神ありだ。まっ暗な夜だって何とかなるもんさ。そして俺は昔のことを想い出すのさ。すると、俺は生まれた時からずっとさまよい歩いてるってことに気がつく。どこでも眠れるし、誰とでもそこそこうまくやれるさ。

世間の流行とか
まったく無関係のところにいたよ。

トラブルメーカーだったんだよね。
人が勘にさわるようなこと言ったり、
傷つけたりするの得意だった。
何に対してあんなに不満だらけだったのかな。

ビートルズの影響でさ、
学校の階段の踊り場のところで、
みんなでホウキをギターの代わりにして、
マネして歌ったりしてたんだ。
中学の1、2年の時じゃないかな。
恥ずかしいんだよ、先生とか来て、
「何やってんだ、おまえら!」とか言われると。
こっちは夢中になって歌ってるじゃない、その気になってさ。
恥ずかしいんだぜ、あれは(笑)。

日野高校（編者註＝母校の都立高）があったとこは、
もうすんごいとこだったけどねえ。
もう畑の真ん中で、前に川があってさ。
裏道で畑のあぜ道みたいなとこ通ってくと、バス停から近いのよ。
そこ行くと、たまにあぜ道の真ん中に牛とかいてさ（笑）。
それで牛が怖くて遅刻したりしてました。

授業と時間に縛られてる生活が
嫌いだっただけで。
学校はわりと好きだったよ。
共学だし。

自分の好きなことは
どんどんできるようになるんだけど、
好きじゃないことっつうか、
あんまり興味のないことは
全然できないんですよ。

自分のことのような気がしたよ。彼（編者註＝ヘルマン・ヘッセ）の小説は何を読んでも一貫したものがあるんだよね。主人公がさ、やっぱり世の中に理解されずにいるんだよ。そいつはすごい才能を持っててさ、神に近づいてるわけ。でも全然理解されなくて、まあ最後は悲しく死んでいくとかね（笑）。そういうタイプのやつなんだけど。そういうのに憧れてたんじゃないかな、俺は。

でも本当にいいものは生きてるうちは認められないんだと思ってたもんね、当時は。

福生のハウスを借りてさ。
近くに古道具屋というか、古物商があって、
そこでそういう着物とか売ってるんだよね、安い値段で。
で、それを買ってきてかっこいいなと思いながら着てたんだ。毎日。
長グツはいてね。
そういう生活だったの、ホントに。

俺たちは国立《くにたち》じゃ得体の知れないやつだったよ。
学生でもないしさ、かといって、まともな仕事はたいしてしてない。
それでもプロのバンド・マンなんだから。

暑い晩とか寝苦しいんだよ。
だから、よく寝床を抜け出して、
近くの小学校のプールへ泳ぎに行ったよ。
守衛に見つかんないように金網越えてさ。
男女入り乱れてすっ裸で泳いでさ。
ついでにフロがわりに身体とか洗ってた。

つげ義春のマン[redacted]読んだことある？
まさにあれで[redacted]たよ。
そう、1日[redacted]00円で過ごすというあの世界。
テレビもず[redacted]と無かったし、
もちろん[redacted]呂だって付いてなかった。
でも、[redacted]れに慣れるとけっこういいもんでしたよ。
生活の[redacted]かに喜怒哀楽もあるしさ、楽しかったね。
他人の[redacted]活と比べれば、
そのときの俺の生活は貧しいの一語に尽きたかもしれないけど、
俺、他人の生活と比べてみるなんて発想、
全然なかったからね。

その頃はもうねぇ、全く世間と隔離されてるような状態でしたね。テレビも無かったし、テレビも見たとしても友達の家でたまたま見るとかそういう感じで月1回ぐらいですかね。仕事も全然無くなっていたんで、ホントに全く世間とは関わりなく生きていたっていう感じですね。でも素晴らしい体験だったと思う、今思うと。たぶん今の人だったらそれを見て引きこもりとか思ったんじゃないですかね。

だいたいあの
ヒッピー・ムーヴメントが
落ちぶれてってなくなっちゃったのは
残念でしたね、あれは。
取り残された気持ちになりましたよ、
あん時は。

周囲が最初からそんなに「理解」してくれちゃってたら、
本気でロック・ミュージシャンになる決心なんて、
できるんだろうか？
周囲からの反対やら妨害やら軋轢やらがあるからこそ、
自分が本当は何をやりたいのか、
何になりたいのか輪郭がはっきりしてきて、
「よし、俺の気持ちはホンモノだ」っていう
確信が固まっていく……
そういうものなんじゃないのか？

どうも会話にならないんですよね、
ぼくの場合。
それで、嫌われてるみたいなんですけど。

実生活やってるより、
徹夜でスタジオとか入ってやってる方が全然楽しいんですよね。
ツアーやってたりとか、そういう方が絶対、
何か生きてる感じがするというか。
ツアーとかレコーディングが終わって普通の生活に戻ると、
自分は全然役立たずで、つまんない。

「ワイン1本でぼくは1曲作れるんだ」と
有頂天になっていたことがある。
でも、それは長くは続かなかった。
酒を飲むことで出来る歌なんて知れてる。
クスリも同じだ。
うまくいくのは最初だけさ。
心の底から出てきた歌には勝てやしない。

全然、金もないのにさ、
ステージに上がると
いきなり人気あってさ。
不思議な感じがあったよ。

エンジョイできないんだ俺は、
そういう成功は。
お客が全員清志郎とチャボみたいなカッコしてんのってさ、
気持ち悪いぜぇ（笑）。
そんなことのためにやってんじゃないのにみたいなさ。

売れるということは、
こんなつまんねえことなのかと
思ったよ。
こんなわけの分からない
お客ばっか集まって、
みんなメイクしてマネしてさ、
こんなやつら相手に
何やってんだろうと
思ったことがよくありました。

プロの自由労働者は、
才能や技術が枯れてしまったら
一寸先は闇、という
ある種ギリギリの生き方を
選択した人間なんだよ。

もちろん右も左もわからなかった頃の自分に比べれば、今の自分は幾分かマシな環境に生きているとは思う。自分で自分のことを決めるっていう、ある意味で当たり前のことが可能な範囲は、確かに大きくなっている。でも、まだまだだ。自分の身体も時間も限られてるから、「全部自分で」っていうのは不可能だから。独立ってやつは「終わりなき闘争」なんだよ。

いまやサラリーマンの世界だって
「明日をも知れない」世界になってきてるんだから、
なにもこの業界だけが特別なわけじゃない。
一応「周りにいるやつはみんな泥棒」くらいに
思ってたほうがいいけどね。ははは。
でも、無知や無防備につけこむ詐欺や泥棒だって、
この世界の外にも、そこいら中どこにでもいるだろ。

もちろん俺だって人の子だから、
誉めてもらえれば気分は悪くない。
めちゃくちゃ露骨にけなされれば「この野郎」と頭にもくる。
でも、「内容のない賞賛記事」と「内容のある批判記事」とだったら、
後者の方がずっと好きだね。
もちろん「内容のない批判記事」が最悪だけどね。
ちゃんと聴いてくれたうえでけなしてるなら、
頭にはきても認めざるをえないよ。

「ステージで昔のヒット曲が一番ウケる」
なんていう状況に我慢や満足できるようになっちゃったら、
そいつはもうロックじゃないと思う。
こういう考え方を「古い」と笑うやつらがいるなんて、
俺は信じられない。

でも、ぼくはね、物事を突きつめませんからね。
というか、自分自身がファンなんですよ。
だから、それでいいんだよ、それで。
別にファンがいなくたってね。
ファンがいない時期だってちゃんとあったもの。10年近くさ。
そういう時だってちゃんとギターを弾いて、
歌を作ったりできたんだから。

マネだけだったら
誰でも見事に完璧にできちゃう環境が今はあるから。
だから逆に新しいものが出にくい。
あらゆるものが出尽くしてるように思えるから。
情報が多くあるほど、
そっから自分がほんとに好きなものを選択するのは
すごい難しくなってるし。

これからはむしろ
情報を捨てられるヤツこそが
強い時代が来るのかもしれない。
それってけっこう勇気が
いるんだろうけどね。

ＩＴ革命とか言ってても、
人間本来の力がなくなったらおしまいだよ。

30年を振り返って、
特に辛かったことはないんですよ。
所属事務所のゴタゴタで
仕事のない時期もあって、
バンドとしては辛かったけど、
個人としてはそうでもない。
だって仕事がないってことはさ、
好きなことができるって
ことでしょう(笑)。

貯金があるっていうのは何か嫌でさ。
だから貯金がない。

何も注意しない。
注意なんかしてたら何もできない。

別に、危険はつきものだしさ、人生なんて。
いいんだよ、別に（笑）。
どうなったって（笑）。
またやり直しゃいいんだ。

スタッフもマネージャーも評論家もいまだに誰も気づかない音楽をきみに届けよう。しかしぼくは、いつもこうやって、くだらない文章を書いているけど本当にみんなに言いたいことは自分から死ぬ必要はないぜっていうことなんだ。いいかい？　自分で自分を殺すことはないぜ。どうせ、いずれ俺たちは死ぬんだ。誰でも時がくれば死ぬんだよ。

ふと考えた。
いつの日か誰でもどんな職業の人でも、
ある日ふいにＳＴＯＰがかかるのだ。
何かの病に冒され、仕事を中断せざるを得なくなる。
それがいつやって来るのか知ることはできない。
仕事というものは夢中でやるものだ。
夢中でやっていつか冒されて発病というわけか……。
考えたことも無いようなことを考えた。

このたび喉頭癌と診断され長期入院治療にはいることになりました。
スケジュールはすべてキャンセルせざるを得なくなり、
楽しみにしてくれていたファンの皆さんには
申し訳ない気持でいっぱいです。本当にごめんなさい。
何事も人生経験と考え、この新しいブルースを楽しむような気持で
治療に専念できればと思います。
またいつか会いましょう。
夢を忘れずに！

——飛び下り自殺をしようとしている人に出くわしました。
なんて声をかけますか？

気を付けろよー！（笑）

Part 4

うまく言えたことがない

昔、俺はずっとシャイだったが、
世の中が超シャイになってしまった現代では
とても図々しい態度のロック・スター・オヤジに
見えるらしい。

小さいときから自分の家では
手がつけられない子供だったけど、
親戚の家なんかいくと、
おとなしくてひと言も
しゃべれなかったんですよね。

ぼくは自分の顔に
自信がなかったから（笑）。
シャウトすると、
すぐ顔が赤くなっちゃうの。
それを隠すために
化粧をはじめた部分も多い。

くだらないことで
一喜一憂してるのが人類というものだ。
ぼくもそんなものに
真剣に取り組んでるときも多々あるが、
時々お茶を濁したくなるのさ。

しかし、いつからだろう？
いったい、いつからユーモアが通じなくなってしまったんだろう？
キツイ言葉の辛辣な言い回し、
イギリス人や江戸っ子や大阪人みたいな
そんなユーモアがもう通用しなくなってしまったようだ。

誰か教えてくれ。
ユーモアを知ってしまった俺の罪なのか⁉
ヘルマン・ヘッセも書いている。
ユーモアが大切なんだ。
ユーモアのわからない人間が
戦争を始めるんだってね。

ぼくはいつでも、
いっしょうけんめい
歌を作ってるんだよ。
才能があるから歌ができる
と思ってるのかも知れないが、
それはちがう。
作っているんだよ。

いい歌を
作ったぜ。
とても説明は
できないけど
とっても　いい歌だよ。

もっとさ、
普段しゃべってることを
うたっちゃえばいいんだよね。

個性とかオリジナリティとかいうものは、
単に生まれつき備わっているだけのものでもないし、
かといって人工的に演出できるというものでもない。
そんな単純なもんじゃないんだ。

メモしとかなきゃ忘れちゃうような曲なら、
メモしたってそのうち忘れちゃうんだから。

もともと、あんまり先のことは考えないんですよ。
曲を作るときも、次の２小節ぐらいまでしか考えない（笑）。
そんな感じで、バンドも30年続けてきたんです。

創作ってのは気持ち悪いもんなのよね。
思うように描けないっていうのと同じようなもんで、
それを克服するからいいんであってさ。
曲作りもそうなんだけど。

音楽っていうのは製品じゃなくて生き物・ナマモノだと思う。つくってる本人にも計算も予測もできない得体の知れないもの。そういうものを自分たちは扱ってるんだっていう自覚が、レコード会社にはもうなくなっちゃったんだな。自分たちだって、そういう音楽に影響されて、それに憧れてこの世界に入ってきたことさえ忘れてる。

謎の譜面をきみに送ろう。ぼくの最新の曲が書かれている。全音符と4分音符と8分16分32分64分128分など算数計算のような5線紙の上に重大な秘密が隠されている謎の譜面をきみに送るよ。所詮楽譜などでは音は聴こえてこない。音のすべてが割り算では解決できないのだ。人の心も同じだ。数学や計算では誰の心も説明できない。できるわけがない。

何ていうか、
日本のロックって言ってることがすごく、
少しのことしか言ってないなということに気がついたんですよね。
で、もっとたくさんのいろんな内容のことを
うたっていいはずだと思ったんで、
それをやってみたんですが。

自分の歌の世界を唄わないことには、
やっぱり存在価値があんまりないっていう。
だから俺が六本木とかで
いつも遊んでる男ならよかったんだけど（笑）。
それならべつに歌謡曲の詞とかでも
ちゃんと真実味を持って唄えると思うんですけど。
でもこっちは三多摩の人間だしね。

「他人がまだ何を歌っていないか」を
探してほしい。
まだまだ「歌われていないこと」は
山ほどあるはずだ。

きっとなんの自己規制もなければ、
音楽なんていくらでも降って湧いてくるんだろうね。
自分を自分で縛っちゃうから、
音楽が悩み多いものになっちゃうんだ。

そこで何か問題が起きたり、
物議をかもしたり、
トラブルが起きたりしたのなら、
それを今度はみんなで考えりゃいいんだ。
問題が見えるところで。

デビューしたての頃は、
逆にずいぶんと社会的・政治的発言を求められたこともあった。
みんなが反戦歌を歌っていた時代だったから。
「RCは反戦歌やらないんですか？」
「ベトナム戦争については？」なんてね。
ところが今は、そういう発言は完全にタブーになってしまった。
まあ、別に発言したいわけじゃないが、ちょっと極端だね。
いろんな質問や発言の中に、たまたまそういうジャンルが
混じってたっていいと思うし、それだけが排除されてるのは
逆に不自然なんじゃないか。

徒党を組んで
石投げたりしてる
学生運動っていうのは、
あんまりカッコいいと
思わなかったですね。

雑誌に俺のことが書いてある。
時にはむずかしい言葉で、
ちょっとよくわからないところのある文章で、
俺のことをしゃべっている。
そうか、俺はこんなスゴイことをやっているのか、
なんて思うことさえある。

「聞かれたことに正直に答えても納得されない。
相手がこっちに言わせたがってることを
想像して答えてやるとやっと納得してくれる」
――このパターンの繰り返し。
ものすごく不思議なことをやってるんだ。
それこそ禅問答だと思うけどね。

そういうふうに説明しちゃって、しかもこう、書かれちゃうと、もうどんどん、小さくなってさ、これはこういうもんだっていうふうになっちゃってさ、それを見て人はそう思ってしまうっていうのは、マニュアル化の時代というかさ、規格化されたものを与えられてる人たちに悪いなと思って、かわいそうだなと思って。そういうシステムに加担しているような、自分がなんか情けないっていうかね。

俺はそういうのは大っ嫌いなんだよね。
昔無かったんだもん、
コンセプトなんて言葉自体が。

女好き、
ドラッグに溺れる、
私生活もグシャグシャ——
みんな勝手に想像してくれ。
俺はそういった人たちの反応を
いつも楽しんでる。

マスコミのやつらって、
なんか暗くしちゃうのね、物事を。
RCは反原発グループだ、みたいな。
反原発なんて1曲しかないんですよ。
「サマータイム・ブルース」だけ。

——41歳になって初めて気がついたことありますか。

たくさんある。
たくさんありすぎて、答えられません。
ぼくは何も知らないくせに、
知ったかぶりをしているようなものさ。

ぼくは本屋の棚に
自分の本が置いてあるのを見るたびに
とても不思議なきもちになった。
レコードやＣＤとは全然ちがう、
場違いなくすぐったさ、
おちつかなさを感じたものだ。

どう呼ばれたっていいけど、
ミュージシャンって言われるのは
あんまり好きじゃないね。
そんなたいそうなもんじゃないよ。
ちゃんと音楽習ったわけでもないしさ。
バンド・マンって呼ばれる方が好きだな。

Part 5

つ・き・あ・い・た・い

みんな、ぼくたちは
ちがう所で言い合ってるのさ
ちがうことを問題にして
似ているだけで、理解できてるんじゃないのに
それでも　はなはだしくちがった考えは　仲間からはずされる
てきとうな理由で満足して。

そして　一つのわくの中にはめこむ
きみらの理解できるわくの中に
その他に　ちがう所があるなんて
とても信じようともせず
信じられずに。

ぼくはね
ぼくのやり方で
暮しているんです
毎日　毎日
あなたの
暮し方とは　違うんです
それだけですよ

親しい友だちは
昔も今もほとんど変わってないよ

あんな生活はバンドの仲間がいっしょだったからできたんだよ。
ひとりじゃ絶対にできなかった。
バンドだったから頑張れた。
みんながひっぱり合い、支え合い、励まし合ったからなんとか
「地獄のツーリング」を乗り切ることができたんだ。
自転車でツーリングするようになって、あらためてわかったよ。

連れ添ったというより、
それ（編者註＝ＲＣサクセション）が自分の一部であり、
自分がそれの一部だったわけだから、
大袈裟に言えば「身を切られるような思い」
「自分の中にぽっかり大穴が空いた気分」もあった。
ラクになったけど、つらい。つらいけど、ラクになった。
ようするに失恋や離婚だな。
その気分をほんとに正確に表現するのは難しい。
だからこそ、いまだに失恋の歌が山ほど作られ、
歌われ続けているんだから。

一般の人は俺とチャボが集まれば、80%か90%RCだっていう人が多いらしいけど、そうじゃないもんね。

俺、ファンって昔からあんまりいい思いしたことなくて。
あいつら冷たい人間なんですよ、すごく。

いろんな手紙が来た。
実は俺はその全ての手紙を読んだ。
返事は書かなかった。
今までにどれくらい手紙を読んだだろう。
若くて独身の頃には週にダンボール箱が5、6箱、
中はすべて手紙だった。
俺は全部、読んだ。
プレゼントなどはスタッフと分けた。
何という人生だと思った、
こんなに手紙が来るなんて。
でも俺はそれを読むのが好きだったので、
いつも読んでいた、
文庫本のかわりにね。

俺はすげえ元気だから、
ほっといて欲しいんだ。
俺のことよりきみ自身が
元気でいて欲しいいね。

マジカデ・ミル・スター・ツアーが続いてる。
3週間で15本のギグだ。
とても間近で演るライブ。すごい。
客の顔は50㎝くらいのところにある。でかい。
客の顔ってでかいんだぜ。
市民会館やイベントなんかでは
虫けらのようにしか見えなかったのに、
本当は人間だったんだ。
息をして酸欠になったりしてるし、
汗だくになって叫んでる。
まるで友達みたいだ。

俺は新しいバンドをやるんだ。
ご機嫌なメンバーが見つかったんだ。
ミニ・スカートの踊り子がたくさん出てきて
バンドの後ろで踊るんだ、
なーんて、それは無いけどよ。
それはサイコーのブルース・バンドで
毎晩、人々を楽しませるのさ。
人々に希望と生きる勇気を与えるんだ。
そして次の街へと旅立つ時、見送る人は誰もいない。
なぜなら人々はもう希望と勇気を手に入れたので
人生が充実して小さなバンドを見送る暇など
なくなってしまったのさ。

母親というのは、1回、
ぼくの実の父親じゃない人と、
前に結婚してたことがあって、
それは若いころ戦争にとられてさ、
レイテ島かなにかに行って
帰ってこなかったんですよね。
終戦を迎えたあたりで、
その辺の国に対する恨みつらみがさ、
俳句で書いてあったんですよ。

母親の俳句や手紙を読んで、
素直に戦争はよくないと思いました。
形見を受け取ったとき、
もう既に『ＣＯＶＥＲＳ』は完成していたわけだけど、
そこで初めて繋がったんですよ——
偶然っていうのか、何ていうのか。
この一連の出来事で、改めて
「反戦歌を歌おう」って思いましたね。

俺は父親からの影響力が
強かったような気がするんです。
おやじはいつもふざけてるというか、
まじめになることが
あんまりなかったんです。
声がデカくて、だけど感じが
あんまり逞しくないわけ。
へらへらしてる、というと
あんまりだけど。

俺はいつも無理解な親だと思ってた。
親戚とかも含めてそんな肉親みたいなものを全部否定してたよ。
だって俺は親戚中の厄介者だし、
なにをしでかすかわからないやつだもん。
俺の言い分とすりゃさ、誰も俺を認めてくれない、
まして家族にまで理解されない、天才は死ななきゃだめだ――
なんて考えてた（笑）。
ある意味では両親を憎んでたよね。
一時なんかいっさい家によりつかなくなってたし。
たぶん、世間で認められない苛立ちも
自分の中にあったからかもしんない。
その不満を親にぶつけてたのかもね。
親不孝だよ。
なんにもしてやれなかった。

2年前、生まれて初めて
実の母の声をレコードで聴いて、
自分の中の音楽的な
〝血〟を感じた。
こうなりゃ生きているうちに
何でも歌ってやるぜ、
とそのとき思った。

セックスのつながりさえ、無ければ、
本当は、きっと、
うまく行くにちがいない。
ずっと、調子よく、
空想なんか必要なく、
空想より、
もっといい所で暮せるのさ。

結婚しようと思ったのね。
そしたら、相手の親父が怒鳴りこんで来てさ（笑）、
「何だおまえは！」みたいな感じで怒られて。
ちきしょう、これで売れてりゃ何でもないのになと思ってさ。
それで考え直したの、売れなきゃいけない、
自分の才能をもっと商品化しなきゃいけないいんだって。

彼女の妊娠がわかったとき、
「子どもができたら、ロックなんかできない」と思い詰めて、
1ヵ月間毎日スタジオに通い、
40曲も作ったんです。
もう過激な曲ばっかり。

竜平ちゃんができてさ、
お母さんが妊娠してる時に
タイマーズやってたじゃない？
ぼくじゃないけどさ。
子供ができたらとてもじゃないが
ロックなんかできなくなるだろうと思ったわけ、強迫観念で。
それでもう急がないといかん（笑）って。

親父になってロックが終わっちゃったら、
できることを探して、
たとえば作曲家になって軟弱な曲を作れるカラダになって
細々とやっていくしかないか……
なんて漠然と考えてた。
タイマーズのああいう曲は、
つまり「軟弱な曲を作れるカラダになっちまう前の
最後のロック馬鹿力」みたいなものだ。

もう子供も生まれてて俺もお父ちゃんになってた。で、1歳にもなってない子供をツアーにも連れて行って、楽屋で「高い高〜い」なんてやってもうデレデレの親バカ親父やってる。「カワイイね〜」なんて頬ずりしたりして。で、タイマーズになってヘルメットかぶってステージに出ていく直前まで、子供を抱っこしてあやしてるんだ。ところがその直後には、観客の前で「バカヤロー!」なんてムチャクチャなことを演ってるわけだから、その落差が我ながらとんでもない。「俺ってすげえな〜」って思ってた。1年前のあの強迫観念や焦りはなんだったんだよ?

俺は息子が可愛くて仕方がなかった。
今までのどんな恋人よりも
くらべものにならないくらい可愛かった。
どこへ行くのにもいっしょだった。
ステージにいっしょに出た時もあった。
そんな俺を人々は親バカと言ったり、
「あいつはもう終わった」と言った。
ふざけんな。
俺はやっと始まったんだ。
始まったばかりさ。

（子供たちは）いっしょに成長してんだなあって
つくづくわかるっていうか、学ぶところも多いし。
面白いんだ。
知ってるものが出てくると、
猫とかギャーギャー騒いでるし、
そんなのわかってるのに言うんだから。
発想がいいっていうところはありますねえ。
あと、はばからないっていうのはいいですねえ。
どこ行っても騒いでいられる。

ともかく子供の凄いところはですね、
1回作ると、ずっといるところですね。
それが何といっても醍醐味じゃないでしょうか。
友達とか、たまに遊びに来て泊まっていっても、
いずれは帰るでしょ？　でも、
自分の子供は絶対帰りませんから。

むかしっから、
俺の周りには強い女が
山ほどいるんだ！
まったく俺はいつだって
女にはかなわないのさ。

4月2日に生まれた
世界中のすべての人といっしょだ。

――あなたの誕生日は誰といっしょですか？

Part 6

あきれて物も言えない

バカがいい
なんて間違ってる

俺があるバンドでツアーをしている時、
ホテルのロビーの便所に赤ん坊が捨ててあった。
すぐに119に連絡して、その赤ん坊は保護された。
もしも俺達が気がつかなかったら、
ひとつの命が消えていたんだぜ。
その赤ん坊は今ごろ、11歳くらいになってるはずだ。
どこかの施設にいるだろう。
父親も母親も知らずに
自分がホテルのトイレに捨てられたことも
多分知らないだろう。
永い間、音楽を作ってツアーをやってると
いろんなことに出会う。
低能な動物以下の人間もきみといっしょに
この星に暮らしてる。

自然の営みに人々が畏敬の念を禁じ得ないのは、
このように文明が発達した現代も変わらず、
ゆるぎのない事実なのである。

つまり誰も空から降ってくる雨を止めることはできないし、
日照りの土地に都合よく雨を降らせることもできないのだ。

インターネットが流行し、１２００万人もの人々が
Eメールとやらのやりとりをしていても、
勘違いしてもらっては困る。

どんな金持ちでも権力者でも
朝が来るのを止めることはできないのだ。

『信長』（坂口安吾）という短編があるんですけど、
その中で信長がいいこと言ってんだよ、
「大人に相談するんじゃない」（笑）と。
大人に相談すると面白い話が全部つまんなくなるんだって。
あいつらは当たり前のことを差し障りのない言葉で言って、
そこで物事が全部つまんなくなっちゃうから
絶対大人には相談するなってね……。

問題になろうがどうしようが
いいんだもん。
それはまた対処していけば。
だけど大人に相談しちゃうと
「問題になりそうだからやめよう」
ってことになっちゃうんだ。

早く大人になりたいと思ったものさ。
熱いラブ・ソング、R&Bの意味を早く知りたいと思った。
今の大人は不細工でかっこ悪いけど、
それは音楽を愛してないからだ。
でも、若いやつらも決してかっこ良くはないぜ。
つまり同じ穴の狢《むじな》ってところさ。
対立もできなきゃ、
リスペクトも贈れない中途半端な関係だ。

どいつもこいつもオエラガタが
すべてやばい言葉を禁止禁止にしちまったのさ。
生々とした生の言葉を全部言えないようにしたんだ。
そのころから、この国はおかしくなっていった。
ヤクザのことをヤっちゃんと言ってみたり、
SEXのことをエッチと言ってみたりするようになったのだ。

人々からトゲみたいなのを
全部取っていこうとしてるよね。
使っちゃいけない言葉とかも、
どんどん増えてるしさ。
結局、日本語が減っているような
状況じゃないですか。
未来を見すえた時に、
それはなんとかしないと
まずいと思うんですよ。

巷にある歌を俺がどんなアレンジで
どんな歌い方をしようが自由だろ。
まさかそのくらいの自由はゆるされているんだろうな。
俺はロックン・ロールとリズム&ブルースしか
やったことがないんでね。
はっきり言っておこう。
俺はこの日本に生まれて、ずっとこの国で育ってきた。
日本国籍を持っていて国民年金も払ってる。
脱税もしてない。話すのも考えるのも日本語だ。
日本文化に敬意をもってる。
俺の好きなロックやブルースを歌ってもいいんだろうな？

腐ったレコード会社は
いつまで存続するのだろうか。
インターネットとかで
曲が買えるようになっても
レコード会社の存在価値は
あるのだろうか。

おいしいトコだけ全部もっていって、
俺たちが出したい歌は腐らせる。
まるで地主と小作人の関係だぜ。

いつも商品ですからぼくたちは。
人の目にさらされてですね、
圧力かけるやつは俺の名前も
顔も全部知っててさ、
こっちはなんにも、
どこの誰だかもわかんないっていう
状態ですから。

みんなが納得するような歌なんて、
そんなの歌じゃないと思うんですよね。
どこからも文句がこないような
歌なんてのは……。

あの「君が代」にしても、
あれだけ話題になって、
右翼も左翼もみんなが聴いてくれて
抗議や批判がくるならいいんだけど、
本当に聴いてとやかく言ってくれてる
やつがどれくらいいたのかっていえば、
全然見えないんだよね。

知らないうちにポイントがぼやけてたんですよ。
日本のロックもそうだけど、世界のロックもさ、
全部ポイントがぼやけてんだよ、今。
だから、たまにポッとこういうことをやると
問題になったりするんじゃない？
何を歌いたいんだかよく分からないような歌ばっかりじゃない。

ロック自体がロックじゃないですからね。
ロック自体が目先のことだから……大人たちのさ。
変わっていけない人たちに押し切られたような感じじゃない。
だから、そこでもし次に世代交替があると
そいつらは一緒に取り残されるしかないんでしょうね。

いい歌は少ししかない。
あとは全部クズだ。

日本は民主主義国家だ
なんて言ってないで、
事無かれ主義国家だって
世界に向けて言った方が
よっぽどカッコいいんじゃねえか。
ロックっぽいぜ。

民主主義国家だとか言論の自由だとか
小さい頃から教わってきたわけじゃない？
日本はいい国だって。
結局は自分のやりたいことをやろうとすると、
こんなことになっちゃって。
別にね、楽しんで、ま、歌としてやってんのにさ、
ただの歌なのに何でそんなに気をつかってくれて
困っちゃうな（笑）っていうのあるんですけどね、
どこのバカがわがまま言ってんだって。

日本人だというのはやっぱり宿命だからね。
自分で選べるものじゃないからさ。だからこそ、
やっぱり日本にはこうなってほしいとか思っちゃうわけだよ。
ウジウジしないでさ。国がなにやるんでも、まず、
この俺を説得してみろよなって思うじゃないか。
いま、日本てカッコいい国じゃないもの。

僕はさ、
何歌っても自由だと思ってんだよ。
僕が歌いたい歌をさぁ、
誰がなんと言おうと
歌いたいだけでさ。

自分がやることが
ハッキリするんだよね。
世の中が最低だ
っていうことが分かると、
じゃ自分が何をするのか。

この間、昔のライブの写真を見て驚いたんです。
70年代や80年代初めの聴衆のほうが、
明るいし「楽しんでる」って顔をしてる。
あの頃に比べると、今の日本人は表情がないなぁ。

みんな40代（編者註＝1996年当時）のやつらは全部さ
「俺はビートルズとリアルタイムだ」とか言ってるけどさ、
ふざけんなよだよ、ほんとに。
ぶっとばしてやろうかと思うよ、俺（笑）。
ほんとにそうだったらああいうふうになってないって、
今の40代は。
こういうふうになってませんよ
今の世の中は。

今の時代の停滞感や閉塞感は、
アヴァンギャルドがほとんどいなくなって、
コンテンポラリーばっかりに
なっちゃってることから来てるんだよ。
アヴァンギャルドは割りにあわねえ、
コンテンポラリーの方がラクして儲かるぞと、
こういう風潮が80年代からこのかた、
はびこりすぎちゃってるわけだ。

とにかく今の時代、
コンテンポラリーは腐るほど
有り余ってるけど、
アヴァンギャルドは
完璧な人材不足だ。
これから何かを始めようってんなら、
ぜひ人材不足の
「職場」に挑戦してほしい。

宗教って変なんだもん。
だって自分のところの神様が一番すごいというわけじゃない？
でも全部に入って試してみたのかと言いたいわけよ、俺は。
仏教なら仏教がキリスト教とどっちがどのくらいすごいんだとか、
キリストと比べてどのくらい違うんだということを
ちゃんと説明してほしいよね。

昔の自然信仰みたいに、
井戸には井戸の神様がいて、
便所には便所の神様がいて
という感じはいいと思うんだよ。
自分の中に神様がいるという感じは。

サイクリングに行こうよ。
何時間か走れば、どんなに自分が小さな人間かわかるぜ。
自分は宇宙の中の地球という星の中の
たったひとつの生き物なんだってわかると思うんだ。
小泉とブッシュとフセインと金正日と俺たちと
みんなで10日間ほど走らないか？
それにしても、政治家じゃなくて、
普通の人々が世界を動かすべきじゃないのか？

——なぜ南方に憧れるの？

忌野　やはりね、今の文明社会というのは非常によくないと思う。自然じゃないと思う。やはり貨幣の流通をだね、失くして、物々交換にした方がいいと思う。

——今の世の中でそんなことが可能だと思われますか？

忌野　みんながその気になれば簡単なことだと思う。

——一体、誰がその気を起こさせるのだと思いますか？

忌野　個人個人がその気にならないとダメョ！誰かを待ってちゃダメョ!!

（「カッコイー」と自ら自分を称えている）

健康、健康って
やたら最近うるさいけどさ、
みんな自分の健康を少しずつ削って
仕事してるんじゃないの。
そーゆーもんだと思うわけ。
そんなに健康って騒ぐなら、
療養所にでも入って
そうっとしてりゃいいじゃない。

これは、まあ、
経験から言ってるんだけど、
世の中には、リフジンなことが多くて、
生きていくのは、とても大変さ。

118 『ロックで独立する方法』
119 『ロックで独立する方法』
120 『BREaTH』2001年9月号
121 『婦人公論』2000年10月7日号
122 『ViVi』1985年8月号
123 『ROCKIN'ON JAPAN』1988年7月号
124 『Switch』1991年9月号
125 『瀕死の双六問屋』
126 忌野清志郎ファンクラブ会報誌
『どんちゃん画報』vol.34
127 公式HP「地味変」2006年7月14日
128 忌野清志郎ファンクラブ会報誌
『どんちゃん画報』vol.42

Part4
うまく言えたことがない

130 『瀕死の双六問屋』
131 『週刊明星』1980年5月4日号
132 『日々の泡立ち』
133 『瀕死の双六問屋』
134 『瀕死の双六問屋』
135 『瀕死の双六問屋』
136 『忌野清志郎画報 生卵』
137 『十年ゴム消し』
138 『ROCKIN'ON JAPAN』1988年7月号
139 『ロックで独立する方法』
140 『ロックで独立する方法』
141 『婦人公論』2000年10月7日号
142 忌野清志郎ファンクラブ会報誌
『どんちゃん画報』vol.25
143 『ロックで独立する方法』
144 『瀕死の双六問屋』
145 『ROCKIN'ON JAPAN』1988年7月号
146 『ブリッジ』1995年4月号
147 『ロックで独立する方法』
148 『ロックで独立する方法』
149 『ロックで独立する方法』
150 『ロックで独立する方法』
151 『VIEWS』1995年2月号
152 『忌野清志郎画報 生卵』
153 『ロックで独立する方法』
154 忌野清志郎ファンクラブ会報誌
『どんちゃん画報』vol.21
155 忌野清志郎ファンクラブ会報誌
『どんちゃん画報』vol.37
156 『GOTTA! 忌野清志郎』
(連野城太郎・著)
157 『03』1990年11月号
158 忌野清志郎ファンクラブ会報誌
『どんちゃん画報』vol.4
159 忌野清志郎ファンクラブ会報誌
『どんちゃん画報』vol.15
160 『GOTTA! 忌野清志郎』
(連野城太郎・著)

Part5
つ・き・あ・い・た・い

162 『十年ゴム消し』(忌野清志郎)
163 『十年ゴム消し』(忌野清志郎)
164 『宝島』1983年7月号
165 『ロックで独立する方法』
166 『ロックで独立する方法』
167 忌野清志郎ファンクラブ会報誌
『どんちゃん画報』vol.14
168 『PLAYBOY 日本版』1990年11月号
169 『瀕死の双六問屋』
170 『瀕死の双六問屋』
171 『瀕死の双六問屋』
172 『瀕死の双六問屋』
173 『PLAYBOY 日本版』1990年11月号
174 『ラストデイズ 忌野清志郎』
175 『ラストデイズ 忌野清志郎』
176 『GOTTA! 忌野清志郎』
(連野城太郎・著)
177 『PLAYBOY 日本版』1990年11月号
178 『十年ゴム消し』(忌野清志郎)
179 『ROCKIN'ON JAPAN』1987年3月号
180 『婦人公論』2000年10月7日号
181 『忌野清志郎画報 生卵』
182 『ロックで独立する方法』
183 『ロックで独立する方法』
184 『瀕死の双六問屋』
185 『宝島』1990年10月9日号
186 『スコラ』1992年10月22日号
187 忌野清志郎ファンクラブ会報誌
『どんちゃん画報』vol.22
188 忌野清志郎ファンクラブ会報誌
『どんちゃん画報』vol.8

Part6
あきれて物も言えない

190 『忌野清志郎画報 生卵』
191 『瀕死の双六問屋』
192 『瀕死の双六問屋』
193 『忌野清志郎画報 生卵』
194 『忌野清志郎画報 生卵』
195 『瀕死の双六問屋』
196 『瀕死の双六問屋』
197 『VIEWS』1995年2月号
198 『瀕死の双六問屋』
199 『瀕死の双六問屋』
200 『忌野清志郎画報 生卵』
201 RCサクセションファンクラブ会報誌
『BAD』vol.20
202 『クイックジャパン』1999年12月号
203 『ロックで独立する方法』
204 『FM fan』1989年12月26日号
205 『忌野清志郎画報 生卵』
206 『リトルモア』2000年10月号
207 『瀕死の双六問屋』
208 『宝島』1990年5月9日号
209 『週刊プレイボーイ』1989年1月3日号
210 『ラストデイズ 忌野清志郎』
211 『FM fan』1989年12月26日号
212 『婦人公論』2000年10月7日号
213 忌野清志郎ファンクラブ会報誌
『どんちゃん画報』vol.25
214 『ロックで独立する方法』
215 『ロックで独立する方法』
216 『忌野清志郎画報 生卵』
217 『忌野清志郎画報 生卵』
218 『テレビブロス』2003年3月29日号
219 『軽罪新聞』vol.07
220 『ViVi』1985年8月号
221 『PLAYBOY 日本版』1992年12月号

※なお、本書掲載にあたり、読み易さを優先し、一部の発言に漢字かなのひらきの表記統一を加えました。発言内容は一切変更しておりません。

出典一覧

Part1
ぼくら夢を見たのさ

6 『ブリッジ』1999年11月号
7 『スコラ』1987年4月23日号
8 『週刊プレイボーイ』2001年3月20日号
9 『週刊プレイボーイ』2001年3月20日号
10 『瀕死の双六問屋』
11 『ラストデイズ 忌野清志郎』
12 『ロックで独立する方法』
13 『瀕死の双六問屋』
14 『瀕死の双六問屋』
15 『テレビブロス』2002年6月8日号
16 『瀕死の双六問屋』
17 『瀕死の双六問屋』
18 『瀕死の双六問屋』
19 『忌野清志郎画報 生卵』
20 『忌野清志郎画報 生卵』
21 『忌野清志郎画報 生卵』
22 『忌野清志郎画報 生卵』
23 『忌野清志郎画報 生卵』
24 『瀕死の双六問屋』
25 『瀕死の双六問屋』
26 『ロックで独立する方法』
27 『ロックで独立する方法』
28 『ロックで独立する方法』
29 『ロックで独立する方法』
30 『ロックで独立する方法』
31 『ロックで独立する方法』
32 『ロックで独立する方法』
33 『ネズミに捧ぐ詩』
34 『ロックで独立する方法』
35 『日々の泡立ち』
36 『日々の泡立ち』
37 『ロックで独立する方法』
38 『ロックで独立する方法』
39 『ラストデイズ 忌野清志郎』
40 『ROCKIN'ON JAPAN』1988年7月号
41 『テレビブロス』2005年7月23日号
42 忌野清志郎ファンクラブ会報誌『どんちゃん画報』vol.14
43 『PLAYBOY 日本版』1990年11月号
44 2003年3月23日「熊野の森LIVE」MCより(忌野清志郎ファンクラブ会報誌『どんちゃん画報』vol.66)
45 『軽罪新聞』No.08
46 『ロックで独立する方法』
47 忌野清志郎ファンクラブ会報誌『どんちゃん画報』vol.4
48 忌野清志郎ファンクラブ会報誌『どんちゃん画報』vol.4
49 忌野清志郎ファンクラブ会報誌『どんちゃん画報』vol.4
50 忌野清志郎ファンクラブ会報誌『どんちゃん画報』vol.29

Part2
わかってもらえるさ

52 「わかってもらえるさ」
53 『GOTTA! 忌野清志郎』(連野城太郎・著)
54 『忌野清志郎画報 生卵』
55 『忌野清志郎画報 生卵』
56 『ロックで独立する方法』
57 『忌野清志郎画報 生卵』
58 『ネズミに捧ぐ詩』
59 『テレビブロス』2002年2月16日号
60 『VIEWS』1995年2月号
61 『VIEWS』1995年2月号
62 『ViVi』1985年8月号
63 『テレビブロス』1998年11月7日号
64 『スコラ』1987年4月23日号
65 『ブリッジ』2004年2月号
66 『瀕死の双六問屋』
67 『忌野清志郎画報 生卵』
68 『03』1990年11月号
69 『PLAYBOY 日本版』1990年11月号
70 『宝島』1989年2月号
71 『GORO』1988年5月12日号
72 『テレビブロス』2003年3月29日号
73 『瀕死の双六問屋』
74 『週刊金曜日』1999年10月15日号
75 『朝日新聞』1988年12月22日夕刊
76 忌野清志郎ファンクラブ会報誌『どんちゃん画報』vol.37
77 『ロックで独立する方法』
78 『03』1990年11月号
79 『ロックで独立する方法』
80 忌野清志郎ファンクラブ会報誌『どんちゃん画報』vol.17
81 忌野清志郎ファンクラブ会報誌『どんちゃん画報』vol.16
82 忌野清志郎ファンクラブ会報誌『どんちゃん画報』vol.17
83 『月刊シャウト』1989年11月号※タイマーズのゼリーとしてのインタビュー記事。
84 『週刊明星』1980年5月4日号
85 『瀕死の双六問屋』
86 『わかってもらえるさ』

Part3
いい事ばかりはありゃしない

88 『ネズミに捧ぐ詩』
89 『ネズミに捧ぐ詩』
90 『瀕死の双六問屋』
91 『GOTTA! 忌野清志郎』(連野城太郎・著)
92 『GOTTA! 忌野清志郎』(連野城太郎・著)
93 『ROCKIN'ON JAPAN』1987年3月号
94 『ブリッジ』1995年4月号
95 『ブリッジ』1995年4月号
96 『ラストデイズ 忌野清志郎』
97 『ROCKIN'ON JAPAN』1987年3月号
98 『ROCKIN'ON JAPAN』1987年3月号
99 『ROCKIN'ON JAPAN』1987年3月号
100 『GOTTA! 忌野清志郎』(連野城太郎・著)
101 『GOTTA! 忌野清志郎』(連野城太郎・著)
102 『スコラ』1987年4月23日号
103 忌野清志郎ファンクラブ会報誌『どんちゃん画報』vol.61
104 『ROCKIN'ON JAPAN』1988年7月号
105 『ロックで独立する方法』
106 『ELLE JAPON』1985年1月号
107 『ミュージック・マガジン』1988年12月号
108 『瀕死の双六問屋』
109 『日々の泡立ち』
110 『ブリッジ』1995年4月号
111 『ROCKIN'ON JAPAN』1987年3月号
112 『ロックで独立する方法』
113 『ロックで独立する方法』
114 『ロックで独立する方法』
115 『ロックで独立する方法』
116 『ロックで独立する方法』
117 『週刊プレイボーイ』1989年1月3日号

使ってはいけない言葉

二〇二〇年五月二日　第一刷発行
二〇二四年六月二八日　第四刷発行

著者　忌野清志郎
ブックデザイン　鈴木成一デザイン室
構成　山崎浩一
写真　佐内正史
協力　有限会社ベイビィズ音楽出版、北尾 青
発行者　北尾修一
発行所　株式会社百万年書房
〒一五〇-〇〇〇二 東京都渋谷区渋谷三-二六-一七-三〇一
電話 〇八〇-三五七八-三五〇二
Webページ http://millionyearsbookstore.com/
印刷・製本　中央精版印刷株式会社
ISBN978-4-910053-14-1